中國傑出名人大全

新雅文化事業有限公司
www.sunya.com.hk

讓每個孩子都擁有
百分百成功未來

　　每位父母都知道，兒童時期的教育影響到孩子一生的成長與發展，因此，讓孩子閱讀優秀讀物，也是每位父母的明智選擇。然而，孩子好奇心雖強，但注意力容易分散，理解力也有限，枯燥的、強制的閱讀只會帶來適得其反的效果。怎樣用合理的、有趣的閱讀形式，讓孩子收穫最重要的知識，是每位父母必須完成的重大任務！

　　這本《中國傑出名人大全》在充分尊重、研究孩子心理特點和閱讀興趣的前提下，通過生動有趣的名人故事、美輪美奐的插圖，引導孩子輕鬆閱讀、快樂閱讀，力求用合理、科學的方式向孩子傳遞成長路上最重要的知識、智慧和成才秘訣！本書精心挑選了中國文明史上最傑出的名人，講述他們的非凡成就，解析他們的黃金成才法則，讓孩子在輕鬆閱讀中受到激勵、啟發，從而學習優秀品質，掌握成功秘訣，樹立遠大理想，成就美好未來！

　　　　站在巨人肩膀上，成功路上事半功倍！希望通過本書，孩子能接過傑出名人們通過努力探索得到的金鑰匙，開啟屬於自己的成功未來！

中國兒童教育研究所　陳勉

快樂暢遊
催人奮進的名人世界

　　在漫長的中國歷史中，許多富有創造性和進取精神的名人譜寫出了一曲曲恢弘壯麗的篇章。

　　本書挑選了中國歷史上具有代表性的幾十位名人，講述了他們一步步走向成功的故事。通過閱讀這些名人的偉大事跡，孩子們可以感受他們在政治活動中的宏韜偉略、在哲學倫理中的深邃思想、在科學技術中的偉大創新……

　　希望孩子們在閱讀完本書後，可以了解名人走向成功的秘訣，從中體驗充滿激情和奮鬥的人生百味，從而受到啟迪、增長智慧，走上成才之路。

目 錄

第三章

科技英才

第四章

文藝巨匠

第五章

名家名流

第一章
軍政領袖

　　中國是一個擁有悠久歷史的文明古國，經歷了許多個朝代，這期間出現了眾多偉大的政治領袖、傑出的軍事將領和政績輝煌的名臣。他們或英明治國，造就了一代帝國盛世；或英勇作戰，取得了驕人的戰績；或輔佐君王，成就了一番偉業。他們所作出的貢獻被後世永久地銘記流傳。翻開這一章，你就可以看到他們真實而又精彩的人生歷程了！

中國首位封建帝王
——秦始皇

★統一六國立豐功★

戰國時期，齊、楚、秦、燕、趙、魏、韓等七個主要的諸侯國之間戰亂不斷。後來，秦國經過「商鞅變法」，逐漸強盛起來。到秦王嬴政時，他決心消滅其他六國，統一天下。

名人 檔案館

姓　　名： 嬴政（公元前259年——公元前210年）

成　　就： 結束了春秋戰國時期戰亂紛爭的局面，建立了中國歷史上第一個統一的中央集權制的封建國家。

公元前230年，秦王嬴政派軍隊先打敗了距離秦國比較近且實力最弱的韓。然後，他又集中力量攻打趙國，並在公元前228年大敗趙軍，佔領趙國都城邯鄲（音：韓丹），俘虜了趙王。趙國也滅亡了。消滅趙國後，嬴政親自來到邯鄲，了解軍情，

觀察形勢，然後果斷下令攻打燕國。
結果秦軍在易水西邊大敗燕軍，攻
破燕國都城薊（音：計）城，燕國
滅亡。

　　嬴政打敗這三國後，又把目標
對準了魏國和楚國。到公元前221
年，六國中只剩下了齊國。嬴政派
王賁帶兵直撲齊國都城臨淄（音：
支），齊王無處討救兵，只好投
降。

　　嬴政在不到十年的時間裏，將六國逐一殲滅，並建
立了中國歷史上第一個統一的封建王朝。嬴政自稱「始皇
帝」，史稱秦始皇。中國社會從此進入漫長的封建時代。

漢初的軍事天才──韓信

★明修棧道，暗度陳倉★

　　韓信是秦末漢初時的一位軍事天才，他足智多謀，輔佐劉邦奪取天下。韓信率軍打過許多勝仗，立下了赫赫戰功。

名人檔案館

姓　　名：韓信
　　　　　（？—公元前196年）
成　　就：用兵如神，輔佐劉邦建
　　　　　立漢朝。

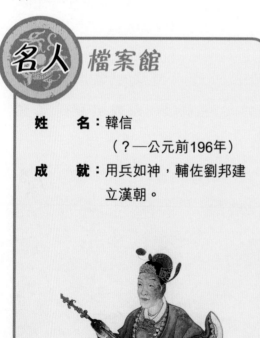

　　在從漢中出兵攻打項羽的戰爭中，韓信軍隊要經過的一條主要棧道被破壞了，而且項羽的部下章邯還率軍在前面堵截。於是，韓信想到了一條計策。他派一些士兵去修復棧道，裝出一副要從棧道出擊的樣子，而他卻親自率領主力部隊，從另一條小路悄悄地向章邯的屬地

陳倉進發。韓信「明修棧道」的行動誤導了敵軍，把敵人的主力都引到了棧道那裏。這時候，韓信率領軍隊已經悄悄到達陳倉，他們突然發動襲擊。章邯沒有防備，接到報告後慌忙派人去支援，結果被韓信打得潰不成軍。這一仗成為戰勝項羽的關鍵，為以後劉邦稱霸天下打好了基礎。

後來，韓信率領軍隊打敗了燕趙，平定了齊，又消滅了項羽的勢力，輔佐劉邦建立了漢朝，成為漢朝的開國功臣。

盛世帝王——漢武帝劉徹

★養精蓄銳，締造輝煌★

公元前140年，年僅16歲的劉徹登基做了皇帝，他就是漢武帝。

劉徹即位後，在各方面開始大力推行改革，但是卻受

名人檔案館

姓　　名：劉徹（公元前156年——公元前87年）

成　　就：使以漢族為主體的多民族封建國家得到鞏固，中國開始以一個高度文明和富強的形象聞名世界。

到了他的祖母竇（音：豆）太后的阻撓。竇太后任命自己的親信掌握了一些重要職位。漢武帝此時還沒有力量和竇太后較量，但他沒有因此消沉，而是養精蓄銳，等待時機。四年之後，竇太后去世，漢武帝馬上將竇氏的親信黨羽一律罷免，重新任命了一批精幹的官員，大

刀闊斧地進行了一系列的改革。

　　為了保證改革的順利進行，漢武帝採納大臣董仲舒的建議，尊崇儒家思想。他還改革貨幣制度，積極推廣新農業技術，並且北抗匈奴，西通西域，向東及南面開拓疆土，不僅開闢了著名的「絲綢之路」，也擴大了中國的版圖。

　　在漢武帝統治時期，中國出現了繁榮昌盛的局面，中國開始以一個高度文明和富強的形象聞名世界。

西漢天才將領──衞青

★七敗匈奴除邊患★

　　西漢名將衞青出身低微，他起初只是漢武帝的侍從，後來漸漸顯露出非凡的軍事才能。

 檔案館

姓　　名：衞青（？—公元前106年）

成　　就：多次擊退匈奴，屢立戰功，為西漢掃除邊患。

　　當時，匈奴是西漢邊境最大的威脅。隨着西漢國力逐漸強盛，漢武帝提拔了包括衞青在內的許多年輕將領，準備大規模攻打匈奴。

　　公元前130年，漢武帝派出了包括衞青在內的四路軍隊攻打匈奴。

衞青作戰非常英勇，他率領軍隊越過長城，深入沙漠，殲滅敵軍七百多人，取得了勝利。而另外三路軍隊都吃了敗仗。

公元前127年，匈奴又來侵犯漢朝邊境，漢武帝派衞青去迎戰。這一次，衞青沒有和匈奴軍正面交戰，而是率領軍隊繞到了匈奴軍後面，然後突襲他們。匈奴軍沒有防備，被漢軍殺得大敗而逃。

在長達十年抗擊匈奴的戰爭中，衞青共七次領兵出征，取得了輝煌的戰績，成為西漢抗擊匈奴的主帥。因衞青英勇善戰，匈奴長時間都不敢再來侵犯西漢。直到衞青去世，西漢和匈奴之間還處於休戰狀態。

亂世豪傑——曹操

★官渡大捷，統一北方★

東漢末年，曹操趁政局混亂，逐漸壯大自己的實力。

袁紹是當時北方最大的軍閥，他想消滅曹操這個對手。公元200年，袁紹率十萬大軍進攻黃河岸邊的官渡，曹操趕緊帶領兩萬軍隊來防守。無論袁紹怎樣攻打，曹操都有辦法應對。一個月過去了，袁紹始終沒有辦法攻下官渡。

袁紹的謀士許攸（音：由）建議繞過官渡進攻，袁紹不僅不同意，還罵了許攸一頓。許攸一氣之下連夜投奔了曹操。曹操聽說許

名人 檔案館

姓　名：曹操（155年—220年）

成　就：統一了中國北方大部分區域，採取一系列恢復經濟生產和社會秩序的措施，奠定了曹魏立國的基礎。

攸來了，高興得來不及穿鞋，赤着腳就去迎接。許攸建議曹操假扮成袁紹的軍隊，放火燒掉袁紹囤積在烏巢的軍糧。曹操一聽十分高興，親自率領五千名騎兵偷襲烏巢，一把火將袁紹的軍糧全部燒光。

　　沒有了糧食，袁軍非常驚慌。曹操趁機展開反攻，袁軍大敗。最後，袁紹只帶着幾百名士兵逃走了。官渡之戰後，曹操用幾年時間，徹底消滅了袁紹，統一了中國北方。

千古良相——諸葛亮

★施妙計草船借箭★

三國時期，曹操率軍進攻東吳，劉備派軍師諸葛亮到東吳助戰。東吳都督周瑜嫉妒諸葛亮的才能，便刁難諸葛亮，要他十天內造出十萬枝箭，諸葛亮卻説三天就可以完成。

名人檔案館

姓　名：諸葛亮（181年—234年）

成　就：幫助劉備建功立業，為蜀漢政權的建立和鞏固作出了不朽的貢獻。

諸葛亮找到東吳將領魯肅，借了二十艘快船，並在每艘船上布置許多草人。第三天晚上，諸葛亮請來魯肅，説要一起去取箭。諸葛亮命人將二十艘快船駛向曹軍水寨。這時霧很大，江面上視野模糊。靠近曹軍水寨時，諸葛亮下令把船一字排開，

讓船上的士兵擂鼓吶喊。曹操以為東吳派人來攻打，但霧大看不清情況，他就命令弓箭手放箭，想射退敵軍。結果，箭都射在船上的草人上面。

天漸漸亮了，船兩側的草人上都插滿了箭，諸葛亮這才命令船隻回航。士兵們把草人上的箭拔下來一數，竟然有十萬多枝。諸葛亮巧施妙計，輕輕鬆鬆就「借」到了箭。後來，諸葛亮輔佐劉備建立了蜀漢政權，為蜀國的發展鞠躬盡瘁、嘔心瀝血，作出了偉大的貢獻。

帝王模範
——唐太宗李世民
★開創「貞觀之治」★

　　李世民是唐朝的第二位皇帝，於626年即位，年號貞觀。李世民就是唐太宗。

　　唐太宗重用人才，善於聽取臣下的意見。有一次，唐太宗下令重修位於洛陽的乾元殿，作為行宮。可是一個叫張玄素的小官卻上表極力反對，他說：「陛下沒有繼承前代帝王的長處，卻繼承了百代帝王的弊端，從這一點看，陛下的過失遠遠超過了隋煬帝。」唐太宗聽了不僅沒有發怒，反而被深深地感動。他想，一個小官敢

名人 檔案館

姓　　名：李世民（599年—649年）

成　　就：開創了「貞觀之治」的黃金時代，締造了一個當時世界上最強盛的帝國。

於冒死直諫，還不是為了百姓，為了大唐江山嗎？因此，唐太宗收回諭旨，停止重修乾元殿，更表揚了張玄素。

除了善於納諫外，唐太宗還採取一系列有力的措施，如減輕賦稅、實施開明的民族政策、大力平定外患等。他在位期間，唐朝社會呈現出一片繁榮景象，政治清明，經濟發達，人民安居樂業，各國商旅也絡繹不絕。因此，627年至649年這段歷史時期被稱為「貞觀之治」。

北宋傑出改革家
——王安石

★轟轟烈烈變新法★

北宋皇帝宋神宗在位時，階級矛盾非常嚴重，各地經常發生農民起義。宋神宗決心改變這種局面，於是把正在江寧做官的王安石調到了京城。

名人 檔案館

姓　名：王安石
　　　　（1021年—1086年）

成　就：積極推行新法，起到了富國強兵的作用，其政治主張對後世影響深遠。

王安石應召進京，他向宋神宗建議：治理國家應先從改革舊的法度、建立新的法制開始。隨後，王安石寫了一份變法的奏章，呈送給宋神宗。宋神宗看後非常滿意，提拔王安石為宰相，讓他

全面主導推行變法。王安石任用了一批年輕官員，並且設立了一個專門制定新法的機構，推行了青苗法、農田水利法、免役法、方田均稅法和保甲法等新法。這些新法的施行既推動了經濟的發展，又使百姓受益，大大緩解了北宋的社會矛盾。

但新法損害了大地主的利益，遭到朝中許多大臣的阻撓和破壞。王安石頂住壓力，堅持推行新法。雖然這次變法在朝中大臣及大地主的阻撓下最終失敗，但它不僅在當時起到了富國強兵的作用，而且對後世的政治變革也提供了借鑒。王安石也因此被稱為「中國十一世紀的改革家」。

精忠報國的英烈——岳飛

★大破金兀朮★

南宋時，北方的金國經常侵犯邊境，岳飛報名參軍，岳母在他背上刺下「精忠報國」四個字，激勵他保家衛國。

名人 檔案館

姓　名：岳飛
　　　　（1103年—1142年）

成　就：一生抗擊金軍，捍衛了南宋的半壁江山。

岳飛組建了一支紀律嚴明、作戰勇敢的軍隊——岳家軍，在與金軍的戰鬥中連戰連捷。1140年，金國大將兀朮（音：屹述）率領軍隊又來侵犯南宋，岳飛奉命前去抗擊金軍，宋、金兩軍在郾（音：演）城展開了一場大戰。

在戰鬥中，兀朮用上金軍最厲害的「鐵浮圖」和「拐子馬」。這支軍隊的人和馬都披着厚厚的鎧甲，英勇善戰，從沒打過敗仗。岳飛冥思苦想，終於想出一個破敵的方法。他命令士兵上陣時把刀斧綁在長竿上，專在遠處砍敵軍的馬腿。用這個辦法，岳家軍大破「鐵浮圖」和「拐子馬」，殺得金兵人仰馬翻。經過這一仗，金國元氣大傷，一時沒有力量再來侵犯南宋。

　　岳飛是中國歷史上少有的常勝將軍，而他精忠報國的精神，也為後世留下了寶貴的精神財富。

一代天驕——成吉思汗

★擴張領土，威震歐亞★

南宋末年，中國北方的蒙古各部落之間爭戰不斷。鐵木真的父親是一位部落首領，他在部落之間的爭鬥中被殺害。

名人 檔案館

姓　名：鐵木真
　　　　（1162年—1227年）

成　就：統一了蒙古各部族，建立了蒙古國；他組織的大規模的軍事活動，客觀上促進了東西方經濟、文化的交流。

在苦難中長大的鐵木真武藝超羣，才智過人。他不斷積聚力量，召集了一些親屬和本部落的族人，力量漸漸壯大起來。鐵木真陸續吞併蒙古的其他部落，統一整個蒙古地區。

1206年，鐵木真被蒙古各部落首領推舉為全蒙古的大汗*，並被尊稱為「成吉思汗」。鐵

　　木真即位以後，完善了原有的軍事和政治制度，並率領騎兵繼續向外擴張，多次打敗當時西夏和金國的軍隊。

　　1219年，成吉思汗親自率領二十萬大軍西征，攻佔了花剌子模（今中亞西部地區的古代國家）。後來蒙古大軍又向西挺進，銳不可當，佔領了中亞的大片土地。成吉思汗率領蒙古軍先後征服了四十多個部落和國家，勢力範圍到達了西亞和歐洲東南部，建立起一個龐大的帝國，他也被後人稱為「一代天驕」。

*大汗：即天子。

明朝的締造者——朱元璋

★鄱陽湖之戰，以弱勝強★

元朝末年，貧民出身的朱元璋加入起義軍隊伍，很快就成長為一名優秀的將領。

當時，自稱漢王的陳友諒為了擴大自己的勢力，建造了大批戰船，又帶領六十萬大軍，與朱元璋在鄱（音：播）陽湖展開了決戰。陳友諒的戰船不僅數量多，而且又高又大；而朱元璋只有二十萬大軍，在實力上比陳友諒差很多。雙方一連打了三天，朱元璋都沒法擊退陳友諒。

於是，朱元璋決定用火攻。他命人準備

名人 檔案館

姓　　名：朱元璋
　　　　　（1328年—1398年）
成　　就：結束了元末二十多年
　　　　　的戰亂局面，統一了
　　　　　全國。

了七艘小船，船上裝滿火藥，然後派一支敢死隊駕駛這七艘小船，點起火來，借着風勢直衝向陳友諒的大船。那些大船一下子全都燃燒起來，陳友諒的士兵頓時亂了陣腳，多半不是被燒死，就是被俘虜了。

　　陳友諒帶着殘兵敗將向鄱陽湖口逃去，但是湖口早已被朱元璋堵住。陳友諒在突圍的時候，被一陣亂箭射死。此後，朱元璋又陸續消滅了一些其他的割據勢力。1368年，朱元璋在應天（今南京市）稱帝，建立了明朝，他就是明太祖。

明朝抗倭名將——戚繼光

★抗擊倭寇，保家衞國★

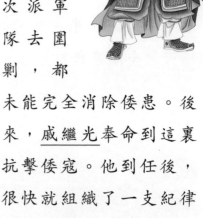

　　明世宗時，日本海盜經常到中國東南沿海一帶搶掠財物，殺害百姓，被人們稱為「倭寇（音：窩扣）」。明朝政府多次派軍隊去圍剿，都未能完全消除倭患。後來，戚繼光奉命到這裏抗擊倭寇。他到任後，很快就組織了一支紀律嚴明、戰鬥力強的軍隊——戚家軍。

　　1562年，戚繼光被任命為上將軍，率領六千士兵到福建平

名人檔案館

姓　　名：戚繼光
　　　　　（1528年—1587年）

成　　就：抗擊倭寇，給東南沿海的百姓帶來了安定的生活，為保衞明朝海域作出了不朽的貢獻。

定倭患。當時，倭寇在福建的活動十分猖獗。有一次，戚繼光打聽到敵人的巢穴在一個叫橫嶼的島上。該島周圍在潮漲時一片汪洋，潮退時全是泥灘，人和船都難以通行。當天晚上潮退的時候，戚繼光命令士兵每人隨身帶上一捆乾草，趕到橫嶼島對岸。他讓士兵把乾草都扔進泥裏，在泥上鋪出了一條路。戚家軍踏着這條路，悄悄攻入倭寇大營。經過一場激烈的戰鬥，島上的倭寇全部被殲滅了。

此後，戚家軍又多次擊退倭寇的進犯。1562年至1566年，戚繼光和另一位名將俞大猷（音：由）聯合進剿福建和廣東沿海一帶的倭寇，取得了決定性的勝利。到這時，橫行東南沿海幾十年的倭寇終於被完全殲滅了。

清朝的奠基人
——努爾哈赤

★大破九部聯軍★

明朝末年，位於東北地區的建州女真有好幾個部落。努爾哈赤在統一各部落的過程中，聲勢不斷壯大，引起了其他部落的恐慌。

名人 檔案館

姓　名：愛新覺羅·努爾哈赤
（1559年—1626年）

成　就：統一了女真各部；促進了滿族的形成；加強了各民族間經濟文化的交流。

1593年，女真族的葉赫部聯合蒙古等八個部落，合共三萬兵力進攻努爾哈赤。努爾哈赤事先在敵軍前來的路上埋伏了精兵，又在路旁的山嶺邊安放了滾木石塊。第二天，九部聯軍到了伏擊地點。努爾哈赤一聲令下，伏兵一齊吶喊，滾木石塊像雨點般朝聯軍砸去。聯軍頓

時血肉橫飛，鬼哭狼嚎，許多士兵紛紛四散逃竄。努爾哈赤乘勝追擊，擊敗了葉赫部。又經過幾年的征戰，努爾哈赤終於統一了女真族各部。

1616年，努爾哈赤正式建立了大金國，史稱後金。後金政權建立後，努爾哈赤把用兵的重點轉到對抗明朝的統治上。

1619年，後金發動薩爾滸（音：許）之戰，他掌握了有利戰機，集中兵力，大敗明軍，取得了決定性的勝利。從此，後金的實力大增，為以後清朝的建立奠定了基礎。

農民領袖──李自成

★領導民變，推翻明朝★

　　明朝末年，朝廷腐敗，各地民變迭起。農民出身的李自成投奔「闖王」高迎祥，他勇猛而有謀略，很快就成了一位有名的闖將。

名人 檔案館

姓　　名：李自成
　　　　　（1606年─1645年）
成　　就：推翻了明王朝的統治，
　　　　　推動了社會向前發展。

　　後來，在一次進攻西安的戰役中，高迎祥不幸犧牲了。於是，軍隊將士就擁戴李自成當了闖王。不久，李自成帶兵攻破了洛陽。此時這裏正在鬧災荒，百姓生活十分艱難。李自成命人打開官府的糧倉，把糧食分發給災民。

　　李自成還提出了「均田免糧」的口號，

得到廣大人民的歡迎，城裏到處傳唱着「迎闖王，不納糧」的歌謠。在短短幾個月裏，民變軍就增加到了一百多萬人。

　　1644年，李自成在西安正式建立了政權，國號大順。接着，他率領軍隊攻向北京。崇禎皇帝知道末日到了，於是上吊自殺，明朝滅亡。李自成率領部眾開進了北京城。

　　李自成領導的農民推翻了明朝的統治，為推動歷史前進作出了重要的貢獻。

偉大的民族英雄
——鄭成功

★驅逐外侮，收復台灣★

1661年，鄭成功率領二萬五千名將士乘坐戰船，收復被荷蘭佔領多年的台灣。

荷蘭軍隊聽說鄭成功要打台灣，十分驚慌。他們把軍隊集中在台灣（今台南市安平區）和赤嵌（音：礄）（今台南市內）的兩座城堡，想阻擋住鄭成功。鄭成功利用海水潮漲的時機，命令將士們向島上進攻。荷蘭人派出戰船，企圖阻擋鄭軍登岸。鄭軍英勇奮戰，打得荷蘭軍隊躲在城裏不敢出來。他們派使者到鄭軍大營求

名人 檔案館

姓　　名：鄭成功
　　　　　（1624年—1662年）
成　　就：收復台灣，為當地的發展作出了巨大的貢獻。

和，想用十萬兩白銀收買鄭成功，被鄭成功大罵一頓。鄭成功派兵猛攻赤嵌城。赤嵌城的敵軍負隅頑抗，鄭成功就想辦法切斷赤嵌城的水源。三天還沒到，城裏的荷蘭人就乖乖投降了。很快，鄭成功又攻下台灣城。1662年初，荷蘭軍隊的將領在投降書上簽了字，然後灰溜溜地離開了台灣。

鄭成功收復台灣，為台灣的發展，作出了巨大的貢獻，並深受人民的懷念和敬仰。

勵精圖治的君王──康熙

★抗擊沙俄保邊疆★

　　康熙是清朝入關後的第二位皇帝。他八歲即位，十四歲親政，他智除鰲（音：遨）拜、平定三藩、統一台灣，鞏固了清王朝的政權。

名人 檔案館

姓　　名：愛新覺羅‧玄燁
　　　　（1654年—1722年）

成　　就：開創了康雍乾盛世，促進了清朝初年社會經濟的發展，奠定了中國多民族國家的疆域。

　　康熙年間，沙俄軍隊盤踞在中國東北邊疆的雅克薩城，康熙決定將他們驅逐出去。他親自到東北巡查，命令當地官員修造戰船，建造城堡，準備征討敵人。

　　1685年，康熙派軍隊包圍雅克薩城。清軍炮擊俄軍，並在城下堆起柴草，準備放火燒城，俄軍嚇得舉手投

降。康熙下旨寬恕俄軍，命令他們撤出中國。

　　但是，清軍剛撤出雅克薩城，俄軍又溜了回來。康熙決定徹底消滅他們，於是再次派兵出征。在戰鬥中，俄軍將領中彈而死，士兵傷亡慘重，只剩下了一百多人。俄國

慌忙派使者求和。最後，中俄雙方簽訂了《尼布楚條約》，使中俄兩國邊界問題得到和平解決。

　　此後，康熙又平定了西北方的叛亂，為鞏固邊疆作出了巨大貢獻。康熙還十分注重發展經濟，重視文化教育。他一生兢兢業業，為後來的康雍乾盛世奠定了基礎。

太平天國領袖
——洪秀全

★創立太平天國★

洪秀全生在內憂外患、戰亂不絕的清朝末年。受基督教影響，他創立了「拜上帝會」。洪秀全看到清政府腐敗無能，就廣收信徒，暗中醞釀反清勢力。

名人 檔案館

姓　名：洪秀全
（1814年—1864年）

成　就：領導太平天國運動，從根本上動搖了清政府的統治，為後來推翻清政府的革命運動打下了基礎。

1851年1月11日，洪秀全召集信徒齊集在廣西桂平縣金田村，宣布建號太平天國，軍隊稱為太平軍。太平軍得到各地老百姓的支持，很快壯大起來。1853年，太平軍佔領南京，改南京為天京，把它定為太平天國的都城。從此，太平天國建立了與清王朝相對峙的政權。

第一章
軍政領袖

　　洪秀全並領導太平軍進行了北伐和西征，在軍事上達到了全盛。同時，他頒布《天朝田畝制度》，把田地分給農民耕種，希望創立人人平等的理想社會。他的主張受到廣大農民的熱烈歡迎。

　　洪秀全領導的太平天國運動，是中國歷史上規模最大的一次農民革命戰爭。雖然它最後失敗了，卻動搖了清朝統治的根基，影響了清末民初的歷史發展。

中國革命先驅

——孫中山

★領導革命，創建民國★

孫中山出生在一個貧苦的佃戶家庭，父母沒日沒夜地工作，僅僅能使全家人勉強糊口。轉眼間，孫中山六歲，已經開始需要出外工作，幫補家計，所以自幼便體會到工作的辛苦和生活的艱難。那時候，他常常在村中的大榕樹下，聽一位從前是太平軍的老人講太平天國的故事，希望長大後也能為國家作出貢獻。

中法戰爭後，孫中山目睹清政府的腐敗，產生了以資產階級政治方案改造中國的想法。他向清政府提出了一些改

名人 檔案館

姓　　名：孫文（又名孫中山）
　　　　　（1866年—1925年）

成　　就：他一生為中國革命奔走，結束了中國兩千多年的封建帝制，創立了三民主義，推進了歷史的進程。

革主張，但都沒有被採納。於是，孫中山決心用武力推翻清朝的統治。他成立興中會，領導並發動了幾次起義，但都失敗了。後來，孫中山和黃興等人創建了同盟會，又先後發動多次武裝起義。孫中山親自為起義制定戰略方案，並到海外為起義籌集經費。這些起義令清政府受到沉重的打擊。

　　1911年10月10日，<u>武昌</u>起義爆發。接着，全國各省的革命者紛紛行動起來。到了11月底，全國已經有十四個省宣告獨立。

　　1911年12月，<u>孫中山</u>被推舉為<u>中華民國</u>臨時大總統。1912年元旦，<u>孫中山</u>宣誓就職，正式宣告<u>中華民國</u>的誕生。

　　在往後的歲月裏，<u>孫中山</u>繼續為<u>中國</u>革命奔走，為<u>中華民族</u>的振興作出了巨大的貢獻，成為<u>中國</u>偉大的革命先驅。

第二章
聖哲名師

　　中國歷史上出現過許多對人類的思想發展有着巨大貢獻的偉人，他們像一盞盞明燈指引着人類前進的方向。道家的創始人老子、儒家的祖師孔子等人都對中國社會產生了深遠的影響；追求自由的莊子、誨人不倦的朱熹等，都為當時社會的發展貢獻了自己的一分力量。現在，就請你跟隨這些聖哲名師的腳步，走進他們的精神世界吧！

道家學派的鼻祖
——老子

★創作《道德經》★

東周時期，楚國有一位博學多才的大學者——老子。他精通周禮，在洛陽做藏書史官。

老子在洛陽住了很多年。後來，他看到東周朝政越來越腐敗，而且各諸侯國之間戰亂不斷，就決定去民風純樸的秦國安度晚年。於是，老子騎着青牛上路了。這一天，老子來到函谷關口，遇到了守關的老朋友尹子。尹子對老子的處世智慧以及眾多有關政治、社會與人生的觀點非常感興趣，建議老子把它們寫下來傳給後

名人 檔案館

姓　　名：李耳（尊稱老子）（約公元前571年—前471年）

成　　就：以「道」為核心概念，推演出具有整體觀念和樸素辯證意識的哲學體系，創立了道家學派。

世。老子同意了。經過幾個月的努力，老子把自己關於道、德、無為而治，以及對宇宙、人生、社會等方面的見解，全部融在一起，寫成一部五千多字的《道德經》。

這本書最核心的內容是「道」，也就是講自然萬物存在的道理和為人處事的學問。老子認為「道」是宇宙的本源，世間萬事萬物的形成和發展，都是由「道」轉化而成的。老子《道德經》一書的著成，使得道家學派隨之創立，這對中國乃至世界都產生了重要影響。

中國千古聖人——孔子

★虛心好學，興辦教育★

孔子是春秋時期魯國人，他十分虛心好學。

孔子曾跟隨一位叫師襄（音：商）子的古琴家學琴。有一次，孔子反覆練習一首曲。師襄子多次說這首曲孔子已經彈得很好，可以學新曲了。但孔子卻依然不滿意，他一方面說自己還沒熟練掌握彈琴的要領，另一方面又說還沒體會作曲者的志趣為人。一段時間之後，孔子終於說：「我體會到作曲者是怎樣的人了。他膚色黝黑，身材高大，目光深邃，心繫蒼生，胸懷天下，除了周

名人 檔案館

姓　　名：孔丘（尊稱孔子）
（公元前551年—公元前479年）

成　　就：創立儒家學派，整理「六經」，為中國古代文化的發展作出了不朽的貢獻。

文王還能是誰呢？」

　　由於虛心好學，孔子終於成為一位大學問家。他漸漸開始以私人的身分授徒講學。他善於因材施教，並且主張人人都享有平等接受教育的權利。孔子一生大約教出學生3000人，其中著名的就有72人。

　　孔子還是儒家學派的創始人，為中國古代文化發展作出了不朽的貢獻。其中，記錄他言行的《論語》一書，更是對中國的民族性格及道德行為有着重大影響。

反對戰爭的思想家
——墨子

★止楚攻宋★

　　春秋戰國時期，除了老子、孔子外，後來還出現了一位叫墨子的思想家。墨子反對戰爭，提倡兼愛、節儉，在當時產生了很大的影響。

名人 檔案館

姓　　名：墨翟（尊稱墨子）
　　　　　（約公元前468年—公元前376年）

成　　就：創立墨家學派；著有《墨子》一書，書中包含多種知識，具有重要的思想意義和科學價值。

　　有一次，南方的楚國想攻打鄰國宋國，並請了當時最著名的工匠魯班製造攻城工具。墨子聽說以後，連夜趕到楚國勸阻楚王。墨子說，楚國攻打宋國是喪失道義的行為，一定會失敗。楚王被說得啞口無言，但他仍相信魯班製造的先進工具能打勝仗。於是，墨子就和魯

班在楚王面前進行了一次攻與守的模擬演習。墨子用腰帶
當城牆,用木片當各種器械。魯班組織了九次進攻,都被
墨子擊破。魯班的攻城器械用完了,可墨子還有剩餘的守
城器械。楚王知道取勝無望,只好放棄攻打宋國的計劃。
一場戰爭就在墨子的努力下化解了。

　　後來,墨子將自己的思想
寫入《墨子》一書,書中突出了
政治、倫理和軍事思想等,還包
含有時間、空間、幾何學等許多
方面的知識,具有十分重要的思
想、文化和科學價值。

儒家「亞聖」——孟子

★周遊列國，著書講學★

　　孟子繼承和發展了孔子的學說，是儒家「亞聖」，與孔子合稱為「孔孟」。他在42歲後開始周遊各國，宣傳自己的思想。

名人 檔案館

姓　　名：孟軻（尊稱孟子）
　　　　　（約公元前372年—公元
　　　　　前289年）

成　　就：繼承並發揚了孔子的學
　　　　　説，所著《孟子》一書
　　　　　具有重要的教育意義和
　　　　　思想價值。

　　有一次，孟子來到了魏國，適值魏國敗給東面的齊國，魏王的長子在戰場上陣亡，西面又被秦國奪去七百里土地，南面還受辱於楚國。魏王痛心疾首，詢問孟子怎樣才能雪恥圖強。孟子的回答很簡單：如果魏王能夠施行仁政，在法治上減輕刑罰，在經濟上降低賦

稅，在教育上推行儒家一貫主張的「孝」、「悌」、「忠」、「信」，就能使社會安定，財政、經濟充裕，人民豐衣足食。到了這個時候，人人自立自強，若再去征討別的國家，那魏國自然是天下無敵。孟子的一番話說得魏王連連點頭。

到了晚年，孟子結束周遊生活，開始著書講學。他和弟子編成《孟子》一書，書中記錄了孟子的思想言論，是儒家的重要經典著作之一。

55

道家宗師——莊子
★蔑視權貴拒高官★

莊子生活在戰國中期，他潛心研習老子的道家學說，漸漸也成了一位學識淵博的人。

莊子喜歡自由，追求人格獨立，淡泊名利，不願意

名人 檔案館

姓　　名：莊周（尊稱莊子）
（約公元前369年—公元前286年）

成　　就：形成相對主義的哲學理論，其思想在中國哲學、文學及藝術領域產生過極大影響。

做官。有一天，莊子正在濮（音：僕）河邊釣魚，楚王派使者帶着很多貴重禮物來見莊子，想請他到楚國去當丞相。莊子手提釣竿頭也不回地說：「我聽說楚國有一隻死了三千年的神龜，國王把它用繡花手巾包着珍藏在廟堂裏。請問，這隻神龜是寧願送了性命留下一個

軀殼顯示牠的尊貴，還是選擇活
着，哪怕是拖着尾巴在爛泥裏自由
自在地爬行呢？」使者回答說：
「牠當然是選擇活着，哪怕是生活
在爛泥裏。」<u>莊子</u>便說：「那就有
勞回稟<u>楚王</u>，我寧願拖着尾巴在爛
泥裏爬行。」

　　到了晚年，<u>莊子</u>把自己的思想作了一番總結，寫出了
《莊子》一書，成為後人寶貴的思想財富。在這本書中，
<u>莊子</u>闡述了自己關於相對主義理論的思想觀點，至今仍帶
來深遠的影響。

儒家先師──荀子

★提倡以「禮」為本★

　　荀子生活在戰國末期。他十多歲時來到齊國遊學，對儒家學派情有獨鍾，專心研究儒家學說。

　　在人性的問題上，荀子主張「性惡論」。他認為人的本性並不純良，凡是善的、有價值的東西都是人為努力的結果。正因為這樣，荀子反對一切神秘主義的思想，非常重視人的作用。他指出，天、地、人是構成宇宙的三個因素，三者都具有獨特的力量，是無法被取代的。

　　荀子在齊國待了幾十年，在此期間，他培

名人 檔案館

姓　　名：荀況（尊稱荀子）
　　　　　（約公元前313年—公元前238年）

成　　就：批判和總結了先秦諸子的學術思想，對古代唯物主義有所發展。

養出許多學生，其中包括法家思想的集大成者韓非和秦國丞相李斯。後來，有人見荀子威望日盛，便在齊王面前誣陷他。荀子只得離開齊國，來到楚國。在楚國，荀子受到楚國公子春申君的厚待。公元前238年，春申君被害，荀子也被罷了官，不久就去世了。

後來，漢代的劉向將荀子流傳在民間的各種著作整理成集，編撰成《荀子》一書。書中記錄了荀子一生的言論及思想。在中國兩千多年的歷史上佔據主流的「內儒外法」的政治思想，就充分表達了荀子的思想。

新儒學的開創者
——董仲舒

★罷黜百家，獨尊儒術★

董仲舒生活在西漢的全盛時期，他從小就熟讀經書，特別推崇儒家思想，還特意拜當時的著名學者子壽為師，專門學習儒家經典。

名人 檔案館

姓　　名：董仲舒（公元前179年—公元前104年）

成　　就：繼承儒家思想，創造「新儒學」，開封建社會以儒學為正統的先聲。

公元前134年，漢武帝下詔徵求治國方略。於是，董仲舒向漢武帝呈獻他的名作《舉賢良對策》。在這篇文章中，董仲舒系統地提出「天人感應」、「大一統」的學說。他認為天是至高無上的神，和人一樣有「喜怒之氣，哀樂之心」，即所謂「天人合一」。但是，「道

之大原出於天」，自然、人事都受制於天命。因此，反映
天命的政治秩序和政治思想都應該是統一的。在此基礎
上，董仲舒提出了「罷黜百家，獨尊儒術」的主張。這個
主張深得漢武帝的讚賞，並得到全盤採納，成為漢代的官
方統治哲學。

　　作為一位承前啟後、繼往開來的大思
想家，董仲舒復興了儒家文化，把它整合
為一個嶄新的思想體系，成為二千年來被
無數人傳承學習的「國學」。而他的「天
人感應」、「君權神授」等思想更是為以
後的封建政權提供了理論基礎，成為統治
階級治國的「寶典」。

理學的創始人——朱熹

★興辦書院傳理學★

　　朱熹是南宋時期一位堅持客觀唯心主義的理學宗師。他多次被朝廷任命為地方行政長官，但他的志向不在做官，而是一心專注於理學的學術研究和授徒講學。在他做官期間，每到一個地方，總忘不了修建學校、興辦教育、聚徒講學。

　　在朱熹64歲那年，他被派到湖南做官。到任不久，他就着手重新修復那裏的嶽麓（音：岳碌）書院。他白天處理政務已經非常辛勞，可是到了晚上，他仍然堅持同書院裏的學生討

名人　檔案館

姓　　名：朱熹
　　　　　（1130年—1200年）
成　　就：在哲學上建立了一個完整的客觀唯心主義體系，對中國傳統文化的發展起到了承先啟後的作用。

論學術。學生們不斷地提問，朱熹有問必答，沒有絲毫倦意。由於他講學的內容聯繫了當時的實際社會情況，又親切誠懇，所以聽講的學生們受益匪淺。一時間，嶽麓書院成為許多做學問的人問道學經的聖地。除此之外，朱熹還創辦了武夷精舍、考亭書院等，培養了大批理學人才。

朱熹集理學之大成，最終形成一套完整的客觀唯心主義理學體系，對中國傳統文化的發展起到承先啟後的作用。

革故鼎新的先驅——李贄
★反對封建禮教★

　　李贄（音：至）生於明朝嘉靖年間，他幼年喪母，在父親的教導下讀書，學業進步很快。隨着閱歷的增長，成年後的李贄對那些維護封建禮教的假道學和那些滿口仁義道德的衞道之士、偽君子深惡痛絕。他認為他們讀書就是為了求得高官厚祿，滿足自己的私慾，批判的鋒芒直指孔孟程朱（即孔子、孟子、程顥和程頤、朱熹）。

　　1563年，李贄被任命為禮部司務。他在就任期間，接觸了王守仁的「心學」理念，並開

名人 檔案館

姓　　名：李贄
　　　　　（1527年—1602年）
成　　就：繼承並修正了王守仁的「良知說」，提出「童心說」。

始樹立自己的主張，即聞名後世的「童心說」。
所謂「童心說」，就是說要摒棄虛假，保
持純真。李贄認為，一個人如果喪失
了童心，就失去了真心，失去了真
心，便不再是真人。他的「童心說」
像一發炮彈，落在那些道學家的頭
上。為此，他們想盡一切辦法打擊李贄。

　　1602年，大學士沈一貫指使刑科給事中張問達彈劾李
贄，說他的《藏書》、《焚書》等作品，「惑亂人心」。
明神宗於是下令逮捕李贄，並焚毀他的著作。同年，李贄
因不堪忍受羞辱，在獄中自盡。

　　李贄反封建傳統、反封建禮教、反權威主義、倡導
個性解放的主張，就像一把利劍直刺向封建衛道之士的痛
處，成為明末清初啟蒙思想家民本思想的先導。

「北大之父」——蔡元培

★革新北京大學★

　　蔡元培是中國近代著名的教育家，1916年底，蔡元培應邀出任北京大學校長。翌年一月，蔡元培走馬上任。

　　蔡元培到校的第一天，校工們排隊在門口恭恭敬敬地向他行禮。蔡元培一反歷任校長目中無人、不理不睬的慣例，脫下自己頭上的禮帽，鄭重其事地向校工們回鞠了一躬。要知道，蔡元培之前的北京大學一直都是一間官府氣息濃厚的學校，那時的北大校長相當於政府重要官員，所以蔡元培這一舉動使校工和學生們大為震驚。

名人 檔案館

姓　　名：蔡元培
　　　　　（1868年—1940年）

成　　就：革新北京大學；發展新的教育思想和教育制度。

由此開始，蔡元培對北大進行了大刀闊斧的改革。

在改革的過程中，蔡元培提倡「思想自由，相容並包」，注重發展學生個性，主張「溝通文理」，以及「依靠既懂得教育、又有學問的專家實行民主治校」等。他在當校長期間做的最「駭人聽聞」的事就是開放女禁，招收女子入學。那時有一個勇敢的女生向蔡元培請求入學，蔡元培就讓她到北大當了旁聽生。當時，這件事轟動了全北大，甚至全北京。此

後北大再招生時，就允許女生和男生一起應考了。

　　蔡元培聘請了新派學者執教，但也不排斥那些有學術造詣的舊派人物。此外，他還大力鼓勵學術研究，提倡社團活動，實行民主辦校、教授治校等一系列改革措施。經過一番整頓改革，北大的面貌煥然一新，學術氣氛空前濃厚，社會團體活動十分活躍，新思想、新觀念成了一種風氣。這為新文化運動的蓬勃開展提供了條件，並使北大成為五四運動的搖籃和中心。蔡元培革新北大，使北大成為舉世聞名的高等學府，譜寫了中國教育史上的不朽篇章。

第三章
科技英才

　　中國從古至今湧現出很多科技人才。在這一章裏，你將認識到一些著名的科學家，如改進造紙術的蔡倫、多才多藝的科學家張衡、發明活字印刷術的畢昇、主持修建京張鐵路的詹天佑……他們在中國科技史上寫下了光輝燦爛的篇章，為人類的科技進步作出了巨大的貢獻。

不斷鑽研的革新家
——蔡倫

★改進造紙術★

　　蔡倫是漢和帝時的宦官，主管製造宮廷用品。在他之前，紙已經出現，但是這種紙又脆又粗糙，顏色黑黃，根本不能用來寫字。人們寫字主要還是寫在用竹片或木片製成的簡、牘上。蔡倫愛好讀書，但那些笨重的簡、牘讓他深感不便，於是就想辦法改進造紙工藝。

　　首先，他廣泛選取造紙的原料，樹皮、麻頭、破布、舊漁網等都被派上用場。然後，他又對以前的造紙工藝流程進行改革。經過無數次的嘗試，蔡倫終於摸

名人檔案館

姓　名：蔡倫（？—121年）
成　就：改進了造紙術，大大促進了世界各地科學文化的傳播和交流。

索出一套新的方法。他在前人切割紙料、漚煮、舂搗等製紙漿的工藝基礎上，增加了一道用石灰液蒸煮的工序。這樣就加快了造紙原料的分解速度，而且分解後的原料纖維分布得更加均勻，造出的紙光滑細緻，書寫起來非常方便。而且因為採用樹皮、麻頭等作原料，使造紙的成本也大大降低。很快，蔡倫的造紙術便在全國流傳開了，後來還傳到了國外。

造紙術成為中國古代四大發明之一，促進了世界科學文化的傳播和交流，為世界文明的發展作出了巨大貢獻，也深刻地影響着世界歷史發展的進程。

多才多藝的科學家
——張衡

★發明地動儀★

張衡是東漢時期著名的科學家，他不僅喜歡觀察研究，還擅長製作精密的儀器。

當時，中國各地經常發生地震。張衡十分留意搜集地震的情報和記錄。經過多年的研究，他終於發明了世界上第一台測定地震方位的儀器——地動儀。它用青銅鑄成，形狀像酒桶，上面有八條龍朝着八個方向排列，每條龍下面都蹲着一隻張開嘴巴的蟾蜍。如果某個方向發生地震，那個方向的龍嘴裏的銅球就會落到蟾蜍嘴

名人 檔案館

姓　　名：張衡（78年—139年）

成　　就：在天文、曆法、文學、
地理等多方面都作出了
非常傑出的貢獻。

裏。有一天，地動儀中面向西方的龍嘴突然張開，吐出了銅球。幾天後，果然有人騎快馬來向朝廷報告，說距離洛陽西面一千多里的地方發生了大地震。這是人類歷史上第一次用測震儀測到了地震。

除了地動儀，張衡還發明了可以觀測天象的渾天儀、可以測定風向的候風儀、能夠自己飛行的木鳥等；他還計算出圓周率為3.162。另外，他在地理、文學、藝術方面也碩果累累，是一個多才多藝的科學家。

科學巨匠——祖沖之

★精確推算圓周率★

南朝時，有一位傑出的科學家叫祖沖之。他在研究天文、曆法等的過程中，經常要用到圓周率。

圓周率是圓的周長和直徑的比率，是一個除不盡的無窮小數，在天文、曆法等許多方面都有非常重大的意義。祖沖之運用三國時期劉徽首創的割圓術，設了一個直徑為一呎的圓，在圓內進行切割計算。那時還沒有算盤，祖沖之就用一根根算籌*進行計算。這是一項非常細緻而艱巨的腦力勞動，每計算完一次，祖沖之都得重新擺

名人 **檔案館**

姓　　名：祖沖之
　　　　　（429年—500年）
成　　就：將圓周率的精確值計算到小數點後第七位，在天文、曆法方面也取得了突出成就。

放算籌，而且只要稍有差錯，就只能從頭開始。祖沖之不停地算啊、記啊，他憑着極大的毅力，終於推算出圓周率數值在3.1415926和3.1415927之間。直到千多年後，歐洲才有人推算出同樣的結果。

除了精確推算圓周率外，祖沖之還創造出了當時最先進的《大明曆》。此外，他精通音律，擅長下棋，在許多領域都取得了突出成就，是中國古代傑出的科學巨匠。

*算籌：中國古代一種十進制的計算工具。

推動文明發展的平民
——畢昇

★發明活字印刷術★

畢昇是北宋時一名書坊印刷工匠。一天，他在刻一塊書版時刻壞了一個字。他覺得把整塊版扔掉太可惜了，就想到一個補救辦法：先把刻壞的字用刀削去，在這塊地方挖出一個淺淺的小方孔，再做一個與小方孔大小吻合的小木片，上面刻好需要的那個字，然後用膠黏在小方孔裏。最後，這個補救的方法成功了。

名人　檔案館

姓　　名：畢昇
　　　　　（約970年—1051年）

成　　就：發明了活字印刷術，為人類文明的發展和傳播作出了傑出貢獻。

這件事對畢昇啟發很大，他開始着手製造單個的活字。經過反覆試驗，畢昇選用泥膠做原料。他在泥膠上刻好

字後，放到火裏一燒，就成了堅硬、不吸水的泥膠活字。然後，畢昇照着要印的書稿，揀出需要的泥膠活字，按順序把它們黏在一塊鐵板上，然後上墨印刷，就得到印刷效果非常好的書了。而且，這些泥膠活字可以重複使用，大大提高了印刷效率。

很快，畢昇發明的活字印刷術就流傳開來。活字印刷術的發明，是印刷史上的一次重大改革。它為中國文化、經濟的發展開闢了廣闊的道路，也為推動世界文明的發展作出了重大貢獻。

全才式的科學家——沈括

★勇於探索，編撰巨著★

　　沈括是北宋時期著名的科學家，他在許多領域都取得了卓越的成就。

　　有一次，沈括的妻子剛推開樓上房間的門，就聽到桌上的古琴發出「錚錚」的響聲。沈括聞訊起來，他查看後發現院牆外正有一支迎親隊伍走過，還傳來一陣鼓樂聲，頓時就明白了。於是，他剪了一個小紙人貼在琴弦上，然後又拿來一張琴，用力撥動琴弦。結果，貼在另一張琴上的小紙人竟隨着琴聲跳動了起來，同時令

名人 檔案館

姓　　名：沈括
　　　　　（1031年—1095年）

成　　就：編寫了科學著作《夢溪筆談》，在自然科學和人文科學等領域成就卓著，為後世留下了寶貴的科學文化遺產。

琴弦時發出「錚錚」的聲響。沈括跟妻子解釋説，這就是
聲學上的共振現象，剛才街上的鼓樂聲傳到房間裏，引起
古琴的共鳴，也是同樣的道理。

　　沈括將這一現象記載在他的《夢溪
筆談》一書中。這本書中不僅撰寫了關
於天文、物理、化學、地理等自然科學
方面的內容，還記錄了文學、歷史、音
樂等人文科學的內容，囊括了沈括一生
的見聞和科學研究成果，而沈括也被人
們稱做「百科全書式的科學家」。

紡織技術改革家
——黃道婆

★革新紡織技術★

元朝初期，松江有一位名叫黃道婆的女子，她曾經流落海南島，跟那裏的黎族婦女學會了先進的紡織技術。

黃道婆回到故鄉後，看到家鄉的人們在去籽淨棉時，仍然靠手指一個一個地剝，便教大家改用新的擀籽法。她讓大家把籽棉放在又硬又平的石板上，然後用一根光滑的小鐵棍用力擀擠棉籽，這樣一下子就能擀出好多棉籽。黃道婆為了尋找更快更省力的辦法，日夜琢磨。有一天，她心裏豁然一亮，想出可參照黎族的腳踏車來製

名人 檔案館

姓　　名：黃道婆
　　　　　（約1245年—1330年）
成　　就：革新紡織技術，推動了當時及後世植棉和紡織技術的發展。

造一台軋棉機。黃道婆請求兩位姐妹試用這部機器，一個人向軋棉機裏加入籽棉，兩個人搖動曲柄，棉籽、棉絮就迅速分離在機器的內外兩側，增加了剝籽的速度。

黃道婆還將單錠手搖紡車改進成三錠紡車，並創造性地發明了一套織製技術。經過黃道婆的革新，松江地區的紡織技術大大提高，這些技術很快在蘇杭等地傳播開來，後來更傳遍全國，對紡織技術的發展起到極大的推動作用。

中醫的集大成者
——李時珍

★編寫《本草綱目》★

李時珍是明朝時期的一位名醫。在長期的醫學實踐中，他發現前人所寫的醫藥書中有很多錯誤。如果病人誤用了書中介紹的藥物，後果會非常嚴重。於是，李時珍決心編寫一本新的醫藥學方面的書籍。

為了更廣泛地搜集醫藥資料，李時珍身背藥囊，周遊四方，採集了許多珍貴的藥物標本。他還向農民、獵户、樵夫等不同行業的人請教，積累了豐富的第一手材料。為了尋找新藥，李時珍更是翻山越嶺，不辭勞苦。在此

名人 檔案館

姓　　名：李時珍
　　　　　　（1518年—1593年）

成　　就：著有《本草綱目》，總結了明代以前民間的用藥經驗，對後世藥物學的發展作出了傑出的貢獻。

期間，他發現了大量前人沒有使用過的藥材，如磨刀水、山奈、樟腦、三七、勾金皮等，大大豐富了藥學的內容。

李時珍嘔心瀝血27年，在他61歲時，終於寫成了醫藥學巨著《本草綱目》。這本書共52卷，記載藥物1892種，還附有1100多幅插圖，記錄了11000多種藥方，是中國古代記載藥物最多、分類解釋最細緻的醫藥學巨著，對後世藥物學的發展具有重要的意義。

科學交融的先行者
——徐光啟

★引進西方自然科學★

徐光啟任職於明朝的翰林院，他發現西方有很多先進的文化與科學值得中國學習，便決心將一些先進的自然科學知識引進中國。

名人 檔案館

姓　名：徐光啟
（1562年—1633年）

成　就：在數學、農學、天文學等方面均有建樹，並將西方先進的自然科學介紹到中國。

徐光啟和自己的好朋友——意大利傳教士利瑪竇合作，開始把一些西方科學圖書翻譯成漢語。徐光啟認為數學是一切科學的基石，便決定首先翻譯西方數學的經典名著《幾何原本》。利瑪竇聽了，搖着頭說：「這本書十分深奧，翻譯起來的難度很大。」徐光啟堅定地

說：「如果逃避困難，困難就會越來越大；如果迎難而上，它自然就會消失。我一定會成功的！」經過不懈的努力，《幾何原本》終於翻譯完成，從而為中國近代數學發展的建立打下了基礎。

此外，徐光啟還編譯了西方的水利著作和天文學著作，為農田水利事業的發展及曆法的修訂提供了寶貴經驗。徐光啟不僅翻譯書籍，還獨立創作。他編著的《農政全書》，介紹了中國古代農業科學發展的許多經驗和方法，是中國古代農業科學技術集大成的著作。

中國鐵路之父──詹天佑
★修建京張鐵路★

1872年，清政府選派了一批幼童到西方學習科技，十一歲的詹（音：尖）天佑就是其中之一。1878年7月，詹天佑考入美國著名的耶魯大學雪菲爾理工學院，專攻土木工程。1881年，他以優異的成績獲得該專業的學士學位。同年8月，詹天佑返回祖國，走上了以科學報國的道路。

名人 檔案館

姓　　名：詹天佑
　　　　　（1861年—1919年）
成　　就：成功修建京張鐵路，運用自己的知識與技術，大大推動了中國鐵路事業的發展。

1888年，清政府要修築塘沽至天津的鐵路，詹天佑負責鋪軌任務。這是詹天佑獻身中國鐵路事業的開始。他充分發揮築路專長，指揮工序，僅八十天就成

功鋪軌完畢，讓外國同行刮目相看。

1905年，清政府決定修築京張鐵路，詹天佑被任命為總工程師。這是一項艱巨的工程，詹天佑堅持不任用一個外國工程師。他帶着工程隊，在崎嶇的山嶺上日夜奔波。在修建京張鐵路的過程中，詹天佑充分展示了他的才華和科學創新精神。針對關溝段地形險峻的特點，詹天佑採用「之」字形線路

解決了最困難的越嶺問題；在開鑿八達嶺隧道時，因為洞身過長，詹天佑採取了直井開鑿法，對厚厚的岩層首次實施炸藥爆破開山法……經過幾年的艱苦奮鬥，詹天佑克服了重重困難，京張鐵路終於在1909年全線通車。這不僅比預計的時間提早了兩年，而且工程費用也只是外國人估價的五分之一。

京張鐵路的建成震驚了全世界，詹天佑也因此成為聞名世界的中國鐵路建設工程師。

第四章
文藝巨匠

　　人類社會不斷變遷，而不變的是那魅力永恆的文化藝術。在華夏文明的宏偉畫卷中有一大批文史學家和藝術巨匠，他們憑藉着非凡的天賦和超常的意志，創作出許多不朽的偉大作品，用文字、書法、繪畫和表演等形式記錄了變換的時代和壯麗的河山，這些作品大大地豐富了中國的燦爛文化。現在，就讓你去探尋這些大師的足跡吧！

浪漫主義愛國詩人
——屈原

★創作《離騷》，以死報國★

屈原是戰國時期楚國的三閭大夫，他很有學問，懂得治國之道。但是，楚頃襄王聽信奸臣對屈原的誣陷，把他革職流放到偏遠的湘南。

名人 檔案館

姓　名：屈原
（約公元前340年——
公元前278年）

成　就：創作了《離騷》、《九歌》等作品，創立了楚辭這種新的詩歌形式。

屈原到了湘南後，心情非常苦悶，他經常披散着頭髮在汨（音：覓）羅江邊散步，吟誦着憂國憂民的詩歌，歎息流淚。他痛惜祖國處於危難中，有感於自己治國的理想不能實現，於是創作出《離騷》這部作品。屈原通過大量優美的神話和神奇的想像，反覆表述自己的心

跡——絕不放棄理想，寧死也不改變自己的人格。

公元前278年，<u>秦國</u>攻破<u>楚國</u><u>郢都</u>，<u>屈原</u>悲痛萬分。農曆五月初五，他來到<u>汨羅江</u>邊，決心以死警告出賣國家的人，激發百姓的愛國之情。他抱起一塊大石頭，奮力跳進了<u>汨羅江</u>……

後來，人們將每年的五月初五定為「端午節」，以紀念這位有着高貴人格的愛國詩人。

偉大的史學家——司馬遷

★忍辱發憤著《史記》★

漢武帝時期，司馬遷的父親擔任太史令，掌管天文，記載史事。後來，父親得了重病，臨死前給司馬遷留下遺言，要他繼承自己的事業，編寫史書。

公元前108年，司馬遷被任命為太史令。為了完成父親的遺願，他閱讀大量國家藏書，研究各種史料。到四十二歲的時候，他開始動手編寫史書。

公元前99年，正當司馬遷的工作進入最後階段的時候，一場災難降臨了。正直的司馬遷因為替投降匈奴的大將

名人 檔案館

姓　　名：司馬遷
（約公元前145年——公元前87年）

成　　就：著成《史記》一書，開創了中國紀傳體史書的先河，影響了後世史學和文學的發展。

李陵辯護，被降罪而慘遭宮刑。這種刑罰對於一個男人來說是奇恥大辱，司馬遷痛苦萬分。他曾想到自殺，可是他知道如果現在死去，就和一隻死去的螞蟻沒有區別。他想到父親的遺願，想到還沒有完成的著作，於是強忍肉體上和精神上的巨大痛苦，繼續發憤著書。

公元前93年，司馬遷終於完成了不朽巨著《史記》。這是中國歷史上第一部紀傳體通史，對後世史學的影響非常深遠，更被魯迅譽為「史家之絕唱，無韻之《離騷》」。

一代「書聖」──王羲之

★勤練書法成大家★

東晉書法家王羲之有「書聖」之稱，他從小癡迷於書法，而且練習寫字時非常刻苦。

王羲之家門前有一個池塘，他天天蘸着池水磨墨練字。字寫完了，就在池塘裏清洗筆和硯台。就這樣，他不知道用完了多少墨水，寫爛了多少筆頭，日子久了，竟將整個池塘的水都染成了墨色。靠着這樣的勤奮，王羲之寫的字越來越好。

由於王羲之肯下工夫苦練，他的手腕變得很有勁，運筆十分

名人 檔案館

姓　名：王羲之
　　　　（321年—379年）
成　就：兼採眾長，創造了自成
　　　　一家的「王體」，為後
　　　　世書法的發展開闢了新
　　　　的天地。

有力。有一次，他在一塊木板上寫了幾個字，工匠拿去刻字的時候，發現墨跡竟深深地滲透到木頭裏！

王羲之的楷書、草書、行書筆法獨特，被人們尊稱為「書聖」。人們稱讚他寫的字像浮雲一樣飄逸，像驚龍一樣矯健。其中，《蘭亭序》最能體現他的書法藝術成就，被譽為「天下第一行書」。王羲之的書法對後世產生了深遠的影響，千百年來，學習他的書法的人不計其數，他的書法至今仍是書法藝術家們追求的至高境界。

一代「畫聖」──吳道子

★一日畫盡三百里★

吳道子是唐代傑出的畫家，被唐玄宗封為宮廷畫師。

唐玄宗十分喜歡四川的山水，便派吳道子前去畫畫。

吳道子漫遊在嘉陵江上，那裏秀美的景色讓他心曠神怡，他把一路上看到的美景和一切體會與感受都銘刻在心裏。回到京城後，唐玄宗問他畫畫的情況，他就答說自己沒有畫底本，而是把它們全都記在心裏。唐玄宗十分驚訝，就讓他在大同殿的牆壁上描繪嘉陵江山水。吳道子不慌不忙，只見他手中的畫筆如有神助一般，飛也似

名人 檔案館

姓　名：吳道子
　　　　（約686年—760年）

成　就：吸收民間和外來畫風，確立了「吳家樣」的民族風格；他創造的「疏體」畫法，為後代所宗。

的在牆壁上舞動。他只花了一天，就畫出了嘉陵江三百里山水的全貌。唐玄宗不禁連連讚歎。這件事也成為繪畫史上膾炙人口的美談。

吳道子畫藝高超，畫風飄逸瀟灑，有「吳帶當風」的美譽。他畫過三百多幅壁畫，還有大量的山水畫、花鳥畫，是中國古代繪畫史上罕見的多產畫家，被人們稱為「畫聖」。

名傳千古的「詩仙」
——李白

★自由灑脫寫詩篇★

唐玄宗在位時，詩人李白來到了長安，做了一個為皇帝草擬文件的小官。

入宮之後，李白很想為國家做一番事業，可是他生性高傲，對當時官場的腐朽風氣非常不滿。當他遇到現實生活中的醜惡現象時，他就表現得非常憤怒。傳說，他寫文章時甚至要讓唐玄宗身邊的大紅人高力士為他脫靴。李白寫過一首著名的《夢遊天姥吟留別》，詩中寫道：「安能摧眉折腰事權貴，使我不得開心顏！」他以

名人 檔案館

姓　名：李白（701年—762年）

成　就：創作了大量流傳千古的詩歌和散文作品，成為人們學習的典範，對後世的文學作品產生了十分深遠的影響。

奔放的筆調表達自己自由獨立、不向任何人低頭的心聲。李白因為大膽揭露腐敗的政治現象，遭到朝廷裏有權勢的人的嫉恨，很快，他就被放逐了。

離開長安後，李白四處遊走，一路上寫下了許多優秀的詩篇。他的詩歌充滿了澎湃的激情和神奇的想像，既有氣勢浩蕩、變幻莫測的壯觀奇景，又有自然天成的明麗意境，真是美不勝收！他是屈原以後中國最為傑出的浪漫主義詩人，代表了中國古典積極浪漫主義詩歌的新高峯，是強盛的唐朝孕育出來的天才詩人，被譽為「詩仙」。

一代天才文豪──蘇軾

★著偉詞，抒豪情★

蘇軾自號「東坡居士」，是北宋時期著名的文學家。

當時，文壇上流行的詞大多是描寫男女之間感情的。蘇軾擴大了詞的題材範圍，他不僅描寫花前月下的愛情，而且更把軍情國事寫入詞中，使詞能像詩文一樣反映其他內容。這些詞一改以前詞人纏綿的詞風，體現出一種宏大的境界、恢弘的氣勢，並且不拘格律、崇尚直率，從而開創了豪放派詞風。

1082年，蘇軾遊覽了黃州赤壁，寫下了流芳百世的名作《念奴嬌·

名人 檔案館

姓　名：蘇軾
　　　　（1037年—1101年）

成　就：是豪放派詞人的代表，在文學創作方面代表着北宋的最高成就，是中國文學藝術史上罕見的全才。

赤壁懷古》。全文洋溢着報國殺敵的豪
情，成為豪放派詞的傑出代表作。

除了在詞上取得的成就，蘇軾
的散文也寫得如行雲流水一般，能用
最佳的形式表現文章的內容，他因此
被稱為「唐宋八大家」之一。另外，
他在書法上也達到相當高的水平，是「蘇、黃、米、蔡」
（即蘇軾、黃庭堅、米芾、蔡襄）北宋四大書法家之一。
他倡導文人畫，開創了湖州畫派。蘇軾一生歷盡坎坷，卻
始終保持着曠達樂觀的心境，用大度而又灑脫的氣勢寫下
了無數傑作，成為中國文學史上的一代天才文豪。

元曲作家的代表
——關漢卿

★開啟元雜劇的巔峯時代★

關漢卿曾經在元朝朝廷裏做過高官，但是很不得志。他最終辭官，生活也因此窘迫起來，這給了他了解平民生活的機會。他與社會上的三教九流、形形色色的人都有往來，交友十分廣泛。

約1260年，關漢卿開始到各地遊覽。他積極結交當地著名人士，了解風土人情，還拜訪當地的雜劇作家。他過着當地平民的生活，有時還親自登台演出。參加演出使關漢卿積累了豐富的舞台經驗和對生活的深刻體驗，廣泛的交友更為他提供用之不

名人 檔案館

姓　名：關漢卿
（約1220年—1300年）

成　就：元雜劇的奠基人，為元雜劇這一文學體裁的成熟和發展做出了不可磨滅的貢獻。

竭的創作泉源。

　　關漢卿一生創作了六七十種雜劇，每一種都具有很高的藝術價值，代表作有《緋衣夢》、《蝴蝶夢》、《竇娥冤》等。關漢卿的雜劇深刻反映當時的社會現狀，表達人民的疾苦和願望。他被列為「元曲四大家」之首，在中國的戲曲史上佔有相當重要的地位。

文學史上的奇才
——曹雪芹

★嘔心瀝血著《紅樓夢》★

「曹霑」就是曹雪芹，他的家勢曾顯赫無比，但卻中道衰落。他從此受盡了歧視，也嘗到了生活的艱辛，看到了社會的黑暗和殘酷。

名人 檔案館

姓　名：曹霑
（約1715年——
1763或1764年）

成　就：精心構撰了小說《紅樓夢》，這部巨著在藝術成就上達到了中國古典小說的最高峯。

曹雪芹的生活陷入非常艱難的境地，甚至要靠借債和友人接濟度日。就是在這樣的情況下，曹雪芹開始了小說《紅樓夢》的創作。因為沒有錢買紙，他就把舊皇曆拆開，把書頁反過來折疊，釘成本子，字就寫在皇曆的背面。在他寫《紅樓夢》的過程中，妻子去世了，愛

子夭折了，過度的悲傷讓他病倒了。他貧病交加，卻無錢求醫，但他還是堅持寫作。經過「披閱十載，增刪五次」，曹雪芹耗盡心血，終於完成了《紅樓夢》這部中國古代小說中最偉大的作品。

《紅樓夢》描寫了賈家這一個大家族從繁盛走向衰敗的過程，塑造出了賈寶玉、林黛玉、王熙鳳、薛寶釵等許多成功的藝術形象。曹雪芹用畢生的心血，為中國文學乃至世界文學寶庫奉獻了一部傑出的精品。

一代才子——紀曉嵐

★主持編纂《四庫全書》★

「紀昀」就是紀曉嵐，他自幼才思敏捷，三十一歲時高中進士，在乾隆皇帝身邊做官。

乾隆皇帝很欣賞紀曉嵐過人的學識，下詔命他和陸錫熊、孫士毅主持編修一部大叢書——《四庫全書》。從此，紀曉嵐和大家每天泡在書堆裏，不停地查閱資料，對所有有關的圖書都進行詳細的整理、歸納和總結。他們還把許多海內秘笈、不為人知或散失民間的萬餘種書籍進行具體分類，規定了應刊、應抄、應存的目

名人 檔案館

姓　　名：紀昀（號曉嵐）
　　　　　（1724年—1805年）
成　　就：主持編纂《四庫全書》，
　　　　　整理和保存了中國的古代
　　　　　文化遺產。

錄。他們對每一冊書都仔細研讀，然後將作者的出生年代、做過的事情、著作的主要內容、評價等，全部歸納和總結出來，最後再按照傳統目錄學的經、史、子、集四部劃分體例，編排次序。

就這樣，紀曉嵐和其他人歷經十多載，終於編成了《四庫全書》。這部書規模宏大，共收錄古籍3503種、79337卷，裝訂成36000餘冊，基本收錄了乾隆時期以及之前的歷代典籍，包含歷史、文學、哲學、社會科學、自然科學等各方面的內容，可以說是一部匯聚了中國文化財富的巨著。

平民藝術大師——齊白石

★刻苦研習成巨匠★

齊白石出生在湖南湘潭一個貧苦的農民家庭，從小喜歡繪畫。十五歲時，他拜一位木匠為師，學習雕花手藝。

名人 檔案館

姓　　名：齊白石
　　　　（1864年—1957年）

成　　就：繪畫、書法、篆刻無一不絕，並將畫、印、詩、書融為一爐，使中國傳統藝術發展上升到新的高度。

有一次，齊白石在一個村民家裏工作時，無意間看見一部殘缺不全的《芥子園畫譜》。他立刻把書借來作為自己學畫的教材。他把畫譜全部複製了一遍，還在雕花之餘經常反覆地臨摹這套畫譜，並加以融會貫通，這使他初次

比較全面地接觸到中國繪畫的傳統技法。後來，齊白石拜了很多民間畫師為師，專心學繪畫和篆刻，逐漸成為一名很有修養的繪畫大師。

1920年到1929年這十年間，齊白石閉門謝客，以超出常人的意志和精力潛心研究、摸索繪畫創作的道路。這段期間，齊白石作畫萬餘幅，刻印三千多枚，取得了巨大的成就。他將畫、印、詩、書融合在一起，使中國在傳統藝術上提昇到新的高度，在藝術上走出了一條繼承、革新和創造的光輝大道。

文學戰將——魯迅

★棄醫從文，為喚民眾★

　　魯迅曾在日本學習醫學，立志救死扶傷。可是後來遇到的一件事，卻讓他改變了主意。

　　1905年的秋天，學校放映一部時事短片，裏面出現了這樣的畫面：一個中國人被捆綁着跪在地上，就要被日本軍人砍頭，一羣圍觀的中國人的表情卻顯得很麻木，而他們的身體看上去倒是很強壯。看短片的外國同學發出一陣陣歡呼聲。頓時，一種憤怒、悲痛、屈辱的情感緊緊地抓住了魯迅的心。他想，一個人即使身體再

名人 檔案館

姓　　名：周樹人（筆名魯迅）
　　　　　（1881年—1936年）

成　　就：以文學創作為武器，對中國黑暗社會的醜惡現象進行了無情的批判，喚醒了無數中國人。

強壯，如果精神是麻木的，也只能做些毫無意義的事，而再高明的醫生也只能醫治人的身體，無法醫治靈魂。於是他決定放棄醫學，用文學來喚醒沉睡的同胞。

魯迅毅然退學，走上了文學創作的道路。他陸續創作及出版小說集《吶喊》、雜文集《墳》、散文集《朝花夕拾》等許多優秀的作品，這些作品既解剖了歷史，又批判了現實，喚醒了無數的中國人。魯迅也因此被譽為中國的「民族魂」。

京劇藝術表演大師
——梅蘭芳

★刻苦練功，獨創「梅派」★

梅蘭芳出生在一個曲藝世家，他八歲開始學習戲曲，練功非常刻苦。

一天，他的師傅在板凳上放了一塊磚，讓梅蘭芳踩着半米多高的高蹻站在磚上，教他練蹻功。梅蘭芳站在那麼高的地方，心裏十分害怕，但他還是堅持下來。一炷香的工夫過去了，梅蘭芳的腿都腫起來了。他的蹻功進步很快，但他仍不滿足。冬天，他在院子裏潑上水，等水結成冰後在上面踩高蹻。冰很滑，他身上常被摔得青

名人檔案館

姓　　名：梅蘭芳
　　　　　（1894年—1961年）

成　　就：開創了獨具一格的「梅派」，為京劇的發展作出了重要貢獻。

一塊、紫一塊，但每次跌倒後他都爬起來繼續練習。就這樣，他終於練成了扎實的基本功。他十一歲就登台演出，到二十歲時已經成為馳名京滬的京劇演員。

在長期的舞台實踐中，梅蘭芳綜合青衣、花旦、刀馬旦的表演特點，逐漸創造出自己特有的表演形式和唱腔——梅派，在唱、念、做、打等各方面都取得了卓越成就。此外，他在服裝、音樂、舞台等方面的改革與創新，都對京劇發展起到重要作用。他本人也被譽為京劇「四大名旦」（即梅蘭芳、程硯秋、尚小雲、荀慧生）之一。

中國現代美術家
——徐悲鴻

★孜孜求學成巨擘★

徐悲鴻是中國著名的畫家。他曾經到歐洲留學,學習繪畫。由於當時中國沒有國際地位,中國留學生經常受到歧視。

名人 檔案館

姓　名:徐悲鴻
　　　　(1895年—1953年)

成　就:將西方繪畫技巧融入中國繪畫藝術,促進了傳統藝術的革新;推動了美術教育的發展。

有一次,在留學生聚會上,一個外國學生肆無忌憚地污衊中國人和中國留學生,說中國人又蠢又笨,無論怎樣深造也成不了才。徐悲鴻聽了他的話後十分憤怒,他走到這個外國學生面前,大聲地宣布要跟他比一比,到畢業時看誰是蠢才,誰是人才。從此,徐悲鴻更加

勤奮地學習。他經常到巴黎各大博物館去臨摹世界名畫，在裏面一待就是一整天，直到閉館時才離開。徐悲鴻從中汲取了很多藝術營養，繪畫技法突飛猛進。法國著名寫實主義大師達仰被徐悲鴻的精神感動，主動要求輔導他畫畫。後來，徐悲鴻以優異的成績進入巴黎高等美術學校學習，並且在幾次考試中都獲得了第一名。1924年，徐悲鴻在巴黎舉行畫展，頓時轟動整個巴黎美術界。最終，那個外國學生不得不甘拜下風。

　　留學歸來後，徐悲鴻成為當時中國美術界最有影響力的人物。他把西方精湛的寫實技巧融入到中國的傳統畫法中，為中國畫開創了一片嶄新的天地，被國際美術評論界稱為「中國近代繪畫之父」。

　　徐悲鴻擅長畫馬，他筆下的駿馬精神抖擻，豪氣沖天，已成為中國現代繪畫的象徵。此外，他還為發展美術教育嘔心瀝血，培養了大批優秀畫家，為中國美術事業的發展作出了卓越貢獻，被人們譽為「畫壇伯樂」。

第五章
名家名流

在中國燦爛輝煌的歷史長河中，曾湧現出許多作出過不平凡貢獻的著名人物：與少數民族建立起友好關係的張騫、七下西洋的鄭和、探尋救國救民真理的康有為……沒有他們的付出，中國就不可能有今天的繁榮富強。在這一章裏，你將可以領略到這些名家的風範。

中國第一位外交家
——張騫

★偉大的西行之旅★

在漢武帝時期，生活在北方的匈奴民族逐漸強大，經常侵犯西漢以及西漢北部的西域地區。為了擺脫匈奴的威脅，漢武帝派張騫（音：牽）去聯絡西域的大月氏（音：事），想和他們一起抵抗匈奴。

公元前138年，張騫率領百多人浩浩蕩蕩地出發。不料，他們在途中被匈奴俘虜，被押送到匈奴王庭。匈奴為籠絡張騫，讓他在那裏娶妻生子，並且一留就是十年。但這些並沒有讓張騫動搖，他時刻牢記自己的使命。一天夜

名人 檔案館

姓　名：張騫
（約公元前164年——
公元前114年）

成　就：兩次出使西域，開闢了舉世聞名的「絲綢之路」，促進了東西方經濟文化的交流和發展。

裏，張騫一行人趁守衞一時鬆懈，逃離匈奴國境，歷經艱辛終於到達了大月氏。但是，大月氏不想再跟匈奴打仗，張騫只好暫時留下來。他在當地考察了一年多，掌握了西域的基本情況後返回了西漢。

　　張騫這次出使西域，雖然沒有完成聯絡大月氏的使命，卻打通了亞洲內陸東西交通的要道，開闢了舉世聞名的「絲綢之路」，使漢朝同西域各國的關係變得密切起來，從而促進了東西方經濟、文化的廣泛交流，是中國歷史上第一位具影響力的對外友好使者。

盡忠守節的愛國使臣
——蘇武

★北海牧羊，不辱使命★

公元前100年，漢武帝派蘇武出使匈奴，不料卻被匈奴扣押起來，匈奴還逼迫他投降。蘇武始終心念漢朝，不肯投降。

名人 檔案館

姓　名：蘇武
　　　　（公元前140年——
　　　　公元前60年）
成　就：出使匈奴，始終忠於自己的祖國，寧死不屈，他的愛國精神激勵着每一代的中國人。

為了讓蘇武改變主意，匈奴單（音：蟬）于決定讓他吃點苦頭。匈奴單于將蘇武關進一個露天的大地窖，不給他飯吃，也不給他水喝。當時，天正下着雪，蘇武就從地上抓點雪，再從衣服上拔點羊毛，胡亂吞咽下去。單于見這樣仍不

能使蘇武屈服，就下令把蘇武放逐到北海（今貝加爾湖）邊無人的荒野裏牧羊，並且告訴他，在公羊沒有生小羊之前，不准他離開。

在冰天雪地的荒野上，蘇武生活得極端困苦。儘管如此，他還是堅貞不移，堅持效忠漢朝君王。他牧羊的時候，手裏依然拿着當初出使匈奴時漢武帝交給他的旌節＊，連睡覺時也不放下。時間長了，旌節上的毛幾乎都掉光了。

公元前81年，蘇武在經歷了十九年的艱辛後，終於被漢朝派來的使者營救回祖國。蘇武受到了漢朝君民的熱烈歡迎。此時，蘇武的鬚髮都已經變白了。

＊旌節：古代使節所持的信物。

漢藏友好使者
——文成公主

★為和親遠嫁吐蕃★

　　唐太宗時期，生活在青藏高原上的吐蕃族強大起來，首領松贊干布統一了西藏，他積極謀求與唐朝建立密切關係，於是派使者到唐朝求婚。

名人 檔案館

姓　名：李雪雁（？—680年）

成　就：不避艱險，遠嫁吐蕃，為加強漢藏兩族人民親密、友好、合作的關係做出了巨大貢獻。

　　唐太宗答應了松贊干布的請求，冊封江夏郡王的女兒李雪雁為「文成公主」，下嫁吐蕃。文成公主和松贊干布在吐蕃舉行了盛大的婚禮，他們感情融洽，互敬互愛。文成公主細心體察吐蕃的民情，以所學的知識和見地，向丈夫提出各種合情合理的建議，幫助丈夫治理

國家。<u>文成公主</u>還幫助<u>吐蕃</u>人民推行曆法，並拿出帶去的五穀種子和菜籽，教人們種植。此外，她出嫁時還帶了許多馬、騾、駱駝以及有關生物技術和醫學的著作。農業和科技的傳播，大大促進了<u>吐蕃</u>的社會進步。

　　<u>文成公主</u>這位王族出身的柔弱女子，遠嫁<u>吐蕃</u>，大大推動了藏族經濟、文化的發展，為增進<u>漢藏</u>兩族人民的友誼作出了歷史性的貢獻。

偉大的航海家——鄭和

★七下西洋★

明朝初期，明成祖派宦官鄭和率領船隊遠航西洋（那時指中國南海以西的海域和沿海各地），拜訪那裏的國家。

名人 檔案館

姓　　名：鄭和
（約1371年—1433年）

成　　就：七次下西洋，促進了明朝同亞非各國人民之間的友好往來。

1405年，鄭和率領翻譯員、軍士、醫生、商人、水手等共2700多人，帶着大量的絲綢、瓷器、糧食等物品，分乘62艘大船和200多隻小船，開始了第一次遠航。他們從今江蘇太倉出發，經過福建沿海，浩浩蕩蕩，揚帆南下。鄭和率船隊每到一個國家，就去拜訪那裏的國

王，並且把帶去的禮物送給他們。許多國家見中國的船隊如此宏偉，而鄭和的態度又非常友好，都熱情地接待他們。1407年，鄭和啟程回國，西洋各國都派了使者帶着禮物跟他一起回訪。鄭和回到京城後，明成祖見這次遠航很成功，非常高興。

在以後的二十多年裏，鄭和在明成祖的支持下又進行了幾次遠航。他前後共出海七次，到過印度洋沿岸三十多個國家，最遠到達了非洲。鄭和七下西洋，是世界航海史上的偉大壯舉。

「戊戌變法」領袖
——康有為

★積極推動維新變法★

清朝末年，中國日益衰弱混亂，許多有識之士都積極尋求救國救民的方法。康有為大力宣揚變法自強，希望清政府能夠進行革新。

名人 檔案館

姓　名：康有為
　　　　（1858年—1927年）

成　就：組織和領導「戊戌變法」，促進了人們思想的解放，為日後中國的革命奠定了基礎。

1895年，康有為發動在北京考試的1300多名知識分子，一起上書光緒帝，要求實行「維新變法」。1898年1月29日，康有為向光緒帝呈上《應詔統籌全局折》，提出了「維新變法」的政治綱領。4月，康有為、梁啟超在北京成立保國會，為「維新變」法做好了準備。

在康有為等人的積極推動下，1898年6月11日，光緒帝頒布《明定國是》詔書，宣布變法，史稱「戊戌變法」。在此期間，在康有為等人的建議下，光緒帝頒布實施一系列革新的政策，如開辦實業、修築鐵路、創辦京師大學堂等，在當時具有十分進步的意義。

然而，由於守舊勢力的阻撓，變法在堅持了103天之後失敗了。但康有為在民族危亡的關鍵時刻，高舉救亡圖存的大旗，不僅體現了強烈的愛國熱情，也順應了中國近代歷史發展的趨勢。

中國傑出名人大全

責任編輯：朱維達

美術設計：金暉

出　　版：新雅文化事業有限公司

香港英皇道499號北角工業大廈18樓

電話：（852）2138 7998

傳真：（852）2597 4003

網址：http://www.sunya.com.hk

電郵：marketing@sunya.com.hk

發　　行：香港聯合書刊物流有限公司

香港新界大埔汀麗路36號中華商務印刷大廈3字樓

電話：（852）2150 2100　　傳真：（852）2407 3062

電郵：info@suplogistics.com.hk

印　　刷：中華商務彩色印刷有限公司

香港新界大埔汀麗路36號

版　　次：二〇一一年九月初版

二〇二〇年二月第五次印刷

本書由浙江教育出版社授權出版繁體字版

ISBN: 978-962-08-5400-2

© 2011 Sun Ya Publications (HK) Ltd.

18/F, North Point Industrial Building, 499 King's Road, Hong Kong

Published and printed in Hong Kong